Pearson Scott Foresman

Libritos de práctica de fonética 1A–15C

Volumen 1

Scott Foresman
is an imprint of

Glenview, Illinois • Boston, Massachusetts • Chandler, Arizona
Upper Saddle River, New Jersey

ISBN-13: 978-0-328-50222-6
ISBN-10:   0-328-50222-7
4 5 6 7 8 9 10 V011 14 13 12 11
CC1

UNIDAD 2

UNIDAD 3

Ana Bananas

por Mara Mahía

Sílabas abiertas

Ana	Bananas	de	harina	helado
la	leche	maní	mañana	me
mí	nata	no	para	pero
una	vitamina			

Palabras de uso frecuente

amigos	bueno	con
hasta	también	

1

Me encantan los plátanos. Por la tarde
y por la mañana.
Por eso mis amigos me llaman:
ANA BANANAS.

Pero no sólo a mí me gustan los plátanos.
En Indonesia los comen fritos, con coco
y maní.
¡Los plátanos tienen vitamina C!

3

En México hacen platos con la cáscara del plátano.
En Bolivia hacen tortaletas de plátano, con harina, mantequilla, huevos, agua y una pizquita de sal. ¡El plátano es bueno para el cabello!

En Brasil hacen helado de plátano, con azúcar, leche y zumo de limón.
En Inglaterra y en Alemania hacen pan de plátano y hasta panqueques.
¡Los plátanos contienen hierro!

En Uruguay hay tarta de plátanos y
frutas.
En Senegal hacen glaseado de plátano,
con azúcar, nata, frambuesa, uvas
pasas, maní y almendras.

En los Estados Unidos comemos Banana
Split, que es un plátano partido y
relleno de nata y chocolate. Otro de
mis postres favoritos.
¡El plátano es bueno para los músculos
y para el corazón!

Me como un plátano por la mañana.
Cuando estoy triste también me como
un plátano.
Recuerda que a todos, TODITOS, nos
gustan los plátanos.
¡El plátano es sano!

Pepe el lechero

Sílabas abiertas

baña	botella	caballo
cada	café	casa
cepilla	deja	dice
esa	hace	helado
leche	llama	llena
mañana	rico	sábado

Palabras de uso frecuente

además   noche   par   propios   sin

El lechero de mi vecindario se llama Pepe. Cada mañana, él deja una botella llena de leche en mi casa. Luego, por la noche, la recoge vacía.

9

Mamá dice que esa leche es muy buena. Sabe mejor que la que venden en el mercado. Además, ella hace un delicioso helado de plátano con la leche de la lechería de Pepe.

Pepe tiene animales propios. Tiene vacas lecheras, gallinas, cerditos y un par de caballos. Las vacas dan mucha leche porque él las cuida con cariño. Sin duda, los animales se ponen contentos si los tratan bien.

El sábado es el día del aseo. Pepe baña y cepilla todos los animales. El caballo café mueve la cabeza. Las vacas se ponen muy contentas. Todos sacuden la cola. Me parece que piensan: "¡Qué rico es bañarse!"

El pato curioso

por Mara Mahía

Sílabas abiertas

bonita	de	dime	la	lo
miró	mono	no	para	pato
pero	tú	una	yo	

Palabras de uso frecuente

agua	cuando	día
muy	que	

11

Un día el pato se dio cuenta de que
tenía plumas:

—¡Tengo plumas! —dijo sorprendido.

—¡Claro! —dijo el mono muerto de
risa—. Todos los patos tienen plumas.

—¿Pero por qué tú no tienes plumas?

—Porque soy un mono —dijo el mono—
y no las necesito.

—¿Pero para qué las necesito yo?
—preguntó el pato.

El mono lo miró con cara de mono y
pensó que el pato estaba loco.

—¿NO sabes para qué necesitas las plumas? —dijo el mono.

—Pues no, ¿tendría que saberlo? —preguntó el pato enojado.

El mono lo miró con cara de mono y pensó que el pato tenía algo de razón.

14

Entonces el pato preguntó:
—Dime mono, ¿por qué tú no tienes
plumas? ¿y por qué tienes esos
brazos tan largos?
El mono, colgado de una rama del árbol,
se quedó pensativo y no supo qué decir.

Una tortuga muy bonita que escuchó
la conversación le preguntó al pato:
—Dime pato, ¿de verdad no sabes por
qué tienes plumas?
—Pues no, ¿y tú sí sabes por qué tienes
un caparazón?—dijo el pato.

—¡Claro! —dijo la tortuga riendo.
—¿Para qué? —preguntó el mono.
—Para protegerme de otros animales
—dijo la tortuga—. Y tú pato, cuando
nadas, las plumas te protegen del agua.

El pato dijo feliz: —¡Claro! ya entiendo.
—Y tú mono, ¿cómo te colgarías sin esos
brazos tan largos? —dijo la tortuga.
El mono la miró con cara de mono y no
supo qué decir.

Un paseo espacial

por Mara Mahía

Sílabas cerradas

atmósfera	del	desde	el	es
estamos	esto	futbol	mando	mitad
por	tan	vamos	ves	

Palabras de uso frecuente

dijo	más	medio
sin	también	

19

—¿Ves aquel planeta azul? —dijo Tara.
—Sí, qué bonito. ¿Cómo se llama?
—preguntó Pedro.
—¡Se llama Tierra! —gritó Tara riendo.

Tierra

—¡Vaya! ¿Esa es la Tierra? No sabía que era tan azul —dijo Pedro.

—Pero claro, ¡es el océano! Mucho más de la mitad de la Tierra es agua. Por eso desde el espacio nuestro planeta se ve azul.

Era el primer viaje espacial de Pedro.
Acababan de cruzar la atmósfera. Y de
pronto todos los objetos de la sala de
mando comenzaron a flotar en el aire.
Pedro y Tara flotaban también.

—¡Repámpanos! —dijo Pedro—
¡estamos flotando!

—Sí. Esto es lo que ocurre sin
gravedad. Los cuerpos quedan libres
y flotan en el aire.

—¿Gravedad? —preguntó Pedro.

—La gravedad es la fuerza con que la Tierra atrae a los objetos —explicó Tara. —Me gusta flotar en el medio de la nave. Pero creo que no me gustaría caerme al espacio —dijo Pedro.

—Si no hubiera gravedad en la Tierra no
podrías jugar al futbol. La pelota se iría
a miles de millones de millas de distancia
—se rió Tara.
"Abróchense los cinturones" anunció una
voz mecánica, "vamos a aterrizar".

25

Habían navegado por el espacio unos minutos. Claro que la nave no había salido del Museo Espacial de la NASA.
—Gracias por mi primer paseo espacial —dijo Pedro.

Viajar en avión

Sílabas cerradas

campo	en	escuela	gente
invierno	las	mayor	nos
ofrecen	porque	pueden	siempre
vacaciones	visitarlos	viven	

Palabras de uso frecuente

aprender   dormir   mientras   muy   viajes

Mis abuelos viven en España. En las vacaciones de invierno de la escuela iremos a visitarlos. Vamos a ir en avión porque ese país está muy lejos de aquí. Los viajes en avión son muy rápidos.

El viaje a España dura siete horas. Los auxiliares de vuelo son siempre muy amables. A los niños nos regalan libretas con dibujos para colorear. A mitad del viaje ofrecen comida y bebidas a todos los pasajeros. Mientras, ponen películas en unos televisores pequeñitos que hay detrás de cada asiento. Mucha gente prefiere dormir durante el vuelo.

Los aviones pueden llevar a muchas personas a la vez. Vuelan muy alto. Desde la ventanilla se ven las nubes como un campo de algodón. ¡Qué rico sería poder saltar sobre ellas! Cuando sea mayor, quiero aprender a pilotar aviones.

La Estrella y la Otra Estrella

por Mara Mahía

Sílabas cerradas

ah	con	del	directo	es
está	estaba	has	hemos	mal
Marte	más	nos	por	romántica
tan	un	Universo	verdad	

Palabras de uso frecuente

dijo	estaba	pero
poco	por	

—¡Cuidado! ¡Agáchese! Ahí viene un
meteorito —gritó La Estrella.

—¿Un qué? —preguntó la Otra Estrella,
que estaba un poco sorda.

—Ah, y viene a toda velocidad.
Siempre tan maleducados —dijo la
Otra Estrella, mientras se agachaba.
—Hemos tenido suerte, pero por poco
nos pilla. Va directo a la Tierra —dijo
La Estrella.

—¿Te gusta la Tierra? —preguntó La
Estrella.

—Claro, ¿a quién no le gusta la Tierra?
Todas las estrellas sabemos que es el
planeta más bello del universo —dijo la
Otra Estrella.

—¡Qué va, eso no es verdad! ¿Te has fijado en Marte, el planeta rojo? Ése sí es bello —dijo La Estrella.

—¡Por todos los asteroides! —dijo la Otra Estrella—. Tienes mucho por aprender. Marte no tiene vida.

—¿Qué me dices de Saturno con sus
anillos? —preguntó La Estrella.

—Lo cierto es que Saturno no está del
todo mal. Pero es tan frío...

—dijo la Otra Estrella.

—A mí me gusta más —dijo La Estrella.

34

—¿Y qué me dices de la Luna? ¿No es
bella la Luna? Mírala. Mira esa Luna
lunera —replicó La Estrella señalando a
la hermosa Luna llena que alumbraba el
espacio.

—¡Ah, la Luna! —suspiró la Otra
Estrella, que era muy romántica—.
La Luna, mi querida Estrella, la Luna sí
es bella.

Kiko Calamar

por Mara Mahía

Palabras con *c, q, k*

aquí	cabe	calamar	caminar	cantar
comida	como	consulta	encanta	Kiko
kilos	Kioto	pescar	que	tampoco

Palabras de uso frecuente

como	gusta	mar
que	tío	

Kiko Calamar no es un calamar
cualquiera. Es un calamar gigante.
Tan grande que no cabe en tu cuarto y
pesa más de ¡200 kilos!

Kiko tiene ocho brazos.
Le gusta la comida pero no sabe
cocinar. Sabe nadar y pescar.
Pero no tiene carro ni sabe caminar.

Tampoco sabe cantar.
Pero le gusta escuchar.
A veces escucha las olas o
a los delfines platicar.

Kiko tiene un tío en Kioto.
En el Museo de Historia Natural.
Tío Archie es muy grande.
¡Mide 60 pies!

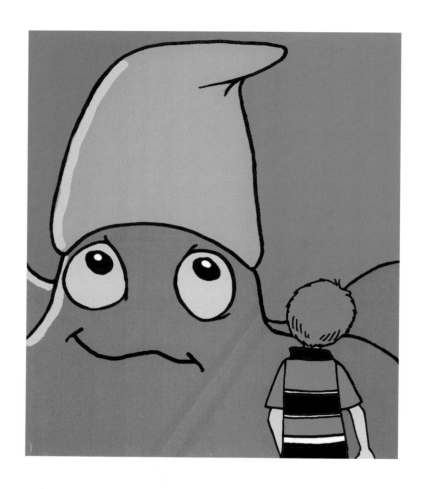

Kiko tiene los ojos grandes.
Los más grandes del mundo.
Tan grandes como tu cabeza.

A Kiko le encanta leer.
Siempre consulta diarios,
libros y diccionarios.

Con sus ojos grandes, Kiko Calamar ve
todo el mar.
Si mira con cuidado
¡puede ver hasta aquí al lado!

Kikí quiere ser cantante

Palabras con c, k, q

cada	calentar	caminó	cantando
caramba	cocina	esquina	Kikí
kiosco	panqueque	queso	quedarse

Palabras de uso frecuente

ayer   carro   comida   llegar   siempre

Ayer, como cada día, la ratita Catalina se acostó temprano. Pero no podía quedarse dormida. Se puso a contar los carros que doblaban en la esquina del kiosco de periódicos. Pero no se dormía.

"Voy a calentar un panqueque con queso", pensó. "La comida me ayuda a dormir".

45

Catalina caminó a la cocina. Al llegar vio a la ranita Kikí cantando a toda voz.

—Catalina, ¿qué haces aquí? —preguntó Kikí.

—¡No puedo dormir! —dijo Catalina—. Voy a comer algo para que me dé sueño.

Kikí siguió cantando. Catalina le preguntó: —Y tú, ¿qué haces cantando a estas horas?

—Quiero aprender a cantar bien. ¡Quiero ser famosa! -contestó Kikí.

—Fantástico, Kikí —dijo Catalina—. Pero si cantas ahora, despertarás a Cuco el cocodrilo.

—¡Caramba, es verdad! Entonces cantaré cuando Cuco se despierte.

Kevin y Karen

por Mara Mahía

Palabras con c, q, k

casi	como	con	equipo
Karen	kermés	Kevin	pequeñitos
que	quince		

Palabras de uso frecuente

desde	muy	que
también	todos	

Kevin y Karen son dos caballos que saben bailar.
Son hermanos, viven en Andalucía, que es un lugar al sur de España, y forman un gran equipo.

Desde muy pequeñitos Kevin y Karen
fueron a la escuela de arte ecuestre.
"Ecuestre" quiere decir que está
relacionado con los caballos.

Los caballos son animales muy antiguos.
Están en la Tierra desde hace casi doce
mil años.

¡Pero Kevin y Karen sólo tienen un año,
aunque bailan como si tuvieran quince!

Kevin y Karen, como todos los caballos, también saben hablar.
¿No me crees? Pasa la página y verás.

Esto me dijeron ayer:
—Hola, me llamo Kevin.
—Muy buenos días, me llamo Karen, esta noche bailaremos en una kermés.

Los caballos hablan con los ojos y las orejas.
Si los miras a los ojos, los entenderás.
Si les rascas las orejas, sabrán que los quieres.

Los caballos también hablan con las
patas.
Cuando Kevin y Karen bailan, hablan
con todo el cuerpo.
¡Qué bonito es ver bailar a los caballos!

El jilguero viajero

por Mara Mahía

Palabras con *j, g, x*

abejita	gentil	gerente	jabalí
jabón	jácaro	jamón	Oaxaca
tejata			

Palabras de uso frecuente

amigos	buen	comida
del	siempre	

55

El jilguero viajero era un pajarito
jácaro: era guapo y gentil. Era
originario del sur pero le gustaba
mucho viajar. Por eso, el jilguero
viajero tenía amigos por todo el mundo.

Conocía lagartijas juguetonas, jaguares tímidos y abejas inteligentísimas. También había probado comidas de todo el mundo: naranjas rojas, jabalí y hasta tejata de Oaxaca. ¡Siempre tenía buen genio!

El jilguero viajero se preparaba muy
bien antes de viajar, como todo un
gerente.
Debía tener cuidado cuando iba a
explorar. ¡Nunca sabía lo que podría
necesitar!

En su mochila siempre guardaba:
- una brújula
- una sombrilla
- crema para el sol
- gafas para volar
- un mapa y una bufanda

En su mochila también llevaba comida
para el viaje:
- un maní
- un arándano
- un trozo de jamón seco
- y un frijolito

Pero también, antes de viajar:
- se limpiaba bien el pico
- se lavaba las plumas con jabón
- limpiaba bien su casa
- ¡y la cerraba con llave!

Luego se despedía de sus amigos:
—Hasta la vista, lagartija. Hasta la vista, abejita. Cuídate, jaguar. Me voy a explorar.
—Adiós, jilguero viajero —decían sus amigos—. ¡Recorre el mundo entero!

Genaro viajó a Japón

Palabras con *j, g, x*

cajitas	dibujos	dijo	esponjoso	Genaro
gente	gesto	gira	Japón	lejano
mexicanos	México	rojo	viejo	

Palabras de uso frecuente

abeja animales dulce naranja pájaro

Hoy nos visitó Genaro. Es un viejo amigo de mi tía Julia. Nos contó que el mes pasado viajó a Japón.

¿Conoces el lejano continente de Asia? Pues Japón es un país de Asia. Las personas que nacen en

Japón son japonesas. Igual que las personas que nacen en México son mexicanas.

En Japón, la gente tiene costumbres distintas a las nuestras. Una costumbre japonesa es hacer un gesto con la cabeza al saludar. Otra es quitarse los zapatos al entrar en la casa.

Genaro nos dijo que le encantó su gira por Japón. Nos trajo un dulce japonés que se llama *kasutera* o *castella*. Es un bizcocho esponjoso que preparan con miel de abeja. Tiene forma de frutas, como una naranja o un durazno. Luego lo envuelven con papel rojo y lo guardan en unas cajitas. Las cajitas tienen dibujos de animales, como un pájaro o una abeja.

El viajero juicioso

por Mara Mahía

Palabras con *j, g, x*

bajar	bajas	bajo	juicioso
lejísimos	ligera	originario	viaje
viajero			

Palabras de uso frecuente

animales	casi	dormir
ser	siempre	

65

Roal Amundsen SIEMPRE quiso ser
explorador. Era originario de Noruega,
donde hace mucho frío, y desde que
era pequeño pensaba solamente en
llegar al Polo Sur.

Por eso decidió prepararse con cuidado para explorarlo. Cuando apenas era un niño comenzó a dormir con las ventanas abiertas. Quería que su cuerpo se acostumbrara a las bajas temperaturas.

Cada vez que podía se iba a las
montañas nevadas. Caminaba por
los parajes fríos cerca de Oslo, en
Noruega, donde hay pocos animales.
Quería estar fuerte para poder andar
durante horas bajo temperaturas heladas.

Roal hizo varias exploraciones cerca del Polo Norte, algunas de ellas muy peligrosas. Una vez, su barco quedó atrapado en el hielo y pasó meses allí hasta que el hielo se derritió. Pero él y su tripulación lograron sobrevivir.

Amundsen fue el primer explorador en llegar al Polo Sur. Para ese viaje llenó el barco de provisiones, comida, abrigos, trineos y perros para halarlos. ¡Había llegado lejísimos!

No fue fácil bajar al Polo Sur. En esa
época la ropa para el frío no era tan
buena y ligera como la de ahora, y era
difícil moverse con comodidad. Como no
tenían gafas para protegerse, casi quedan
ciegos por el reflejo del sol en el hielo.

Amundsen se preparó toda su vida para este viaje. El 14 de diciembre de 1911, él y sus hombres llegaron al centro del Polo Sur. Había sido un trabajo arduo: ¡recorrieron 3.000 kilómetros en 99 días!

La gota gozosa

por Mara Mahía

Palabras con *ga, go, gu, gue, gui*

agua	algo	golpe	gota
gotita	gozosa	guiaba	gusto
juguemos	llegado	lugar	

Palabras de uso frecuente

donde	había
hoy	sobre

73

Había una vez una gota de lluvia que vivía en una nube del sur. A la gota le encantaba viajar y explorar. Y sobre todo quería nadar en el mar. Pero su nube estaba sobre una montaña. En un lugar donde nunca llovía.

Todas las mañanas la gota se
despertaba y preguntaba:
—Nube bonita, ¿lloverás hoy?
Y la nube contestaba:
—Pero gotita mía, mira ese sol hermoso.
Por supuesto que hoy no lloveré.

Todas las noches la gota se acostaba y
preguntaba:

—Nube bonita, ¿lloverás mañana?

Y la nube contestaba:

—Pero gotita mía, mira esa luna hermosa.
Por supuesto que mañana no lloveré.

La gota soñaba con el océano. No se
podía imaginar algo mejor que estar en
el agua. Nadar entre las olas del mar.
Entre peces, ballenas, delfines y quién
sabe cuántas cosas más. ¡Qué gusto le
daría el mar!

Por fin un día, el viento del norte sopló con tal fuerza que sacudió la nube. De golpe, comenzó a llover. Llovía como nunca. La gota se preparó y de pronto: ¡estaba volando! Primero cayó en un arroyo. ¡Qué rico, juguemos!

Estaba feliz en el arroyo. Pero el
arroyo no se detenía y la gota viajaba
rapidísimo. Cayó por una cascada y
terminó en un río. ¡Qué gozo! Pero el
río también se movía muy rápido.

La gota recorrió montañas y campos
hasta que el río se detuvo. ¡Había
llegado al océano! El agua la guiaba
feliz. Mientras nadaba entre peces
y delfines, pensó: ¡El mar es bonito,
pero más bonito ha sido viajar!

Golosito y el ganso

Palabras con *ga, go, gu, gue, gui*

agarró	aguijón	alguna	amigos	gafas	ganso
gato	guisos	gusanitos	gusta	hormiguitas	juguetón
lago	largo	perseguir	seguro		

Palabras de uso frecuente

algo   caer   manera   nido   rama

A Golosito le gusta viajar, probar guisos nuevos y hacer amigos. Un día fue al Lago de los Gansos.

Como es un gato juguetón, Golosito persiguió al ganso Gustavo un rato. Luego lo quiso asustar de alguna manera. Así que se escondió detrás de un árbol.

De repente oyó algo caer al suelo, pero sólo vio gusanitos y

81

hormiguitas. Miró hacia arriba. Le pareció ver un nido largo colgando de una rama. Pero Golosito no estaba seguro porque necesitaba gafas nuevas.

Decidió subir a investigar. Cuando llegó arriba, sintió el pinchazo del aguijón de una abeja.

—¡Ay! —gritó Golosito. Adolorido y acongojado, perdió el equilibrio y se cayó al lago.

—¡Socorro! —gritó—. ¡No sé nadar!

Entonces Gustavo saltó al agua y le dijo: —Agárrate, que te salvaré.

Golosito se agarró de las plumas de su amigo.

—Gracias —dijo—. Te juro que jamás volveré a perseguir gansos.

La hormiga Galopín

por Mara Mahía

Palabras con *ga, go, gu, gue, gui*

Galopín	gandul	goloso	guindarse
gusano	hormiga	hormiguero	soga

Palabras de uso frecuente

además   aquí   estoy
siempre

—¡ESTOY HARTA! —gritó la hormiga.
—El mundo debe ser más que este
parque. Tiene que tener más colores.
—Hormiga Galopín, estás equivocada.
El mundo sólo es este parque —dijo el
caracol, que era un gandul.

—Y además —continuó—, ¿para qué
necesitas más mundo?

—¿No tienes suficiente con los tomates
y las fresas? —intervino goloso el
gusano. —Mira a tu alrededor. Aquí
podemos conseguir lo que necesitamos.

—Voy a explorar más allá del parque
—dijo la hormiga—. Hoy dejo el
hormiguero.

—Haz lo que quieras, pero yo de aquí no
me muevo —dijo el caracol.

Gusano no dijo nada porque tenía
la boca llena de tomate.

Hormiga empacó su equipo de
exploración: unos prismáticos, una soga
y un paraguas. Así comenzó su viaje.
Caminó hasta que encontró la pared de
una casa. Intentó subirla varias veces,
pero siempre se caía.

Sacó la soga y la lanzó hasta que
la enganchó en una ventana y pudo
guindarse de ella. Comenzó a subir.
Quería llegar a un punto bien alto para
poder ver los colores del mundo.

Llegó hasta la ventana y desde allí
trepó hasta el tejado. Fue una caminata
difícil, pero la hormiga era muy fuerte.
Cuando por fin llegó a lo más alto,
el día se había nublado. De pronto
comenzó a llover.

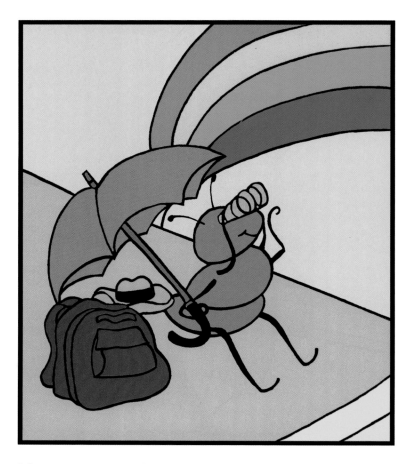

Hormiga sacó sus prismáticos, pero no veía nada. Se refugió en su paraguas y esperó. Cuando paró de llover salió un arco iris. Entonces Hormiga Galopín miró por los prismáticos y exclamó: ¡Oh, qué hermoso es el mundo!

La cebra y el zorro

por Mara Mahía

Palabras con *z, c, s*

azúcar	caza	cazar	cazarlo
civilizada	eso	etcétera	salvaron
se	segura	si	zalamero

Palabras de uso frecuente

algo	estaba	muy
pero	quería	

Un zorro zalamero se encontró con una
cebra muy civilizada.
El zorro nunca había visto una cebra.
Por eso, aunque estaba hambriento, no
sabía si la podía cazar.

La cebra, aunque vivía por aquel lugar,
tampoco había visto nunca un zorro.
Le pareció un lobito despeinado.
Y como era vegetariana, estaba segura
de que no quería cazarlo.

93

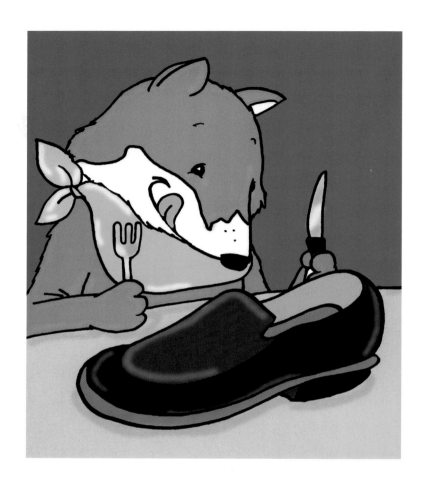

El zorro no era malo, pero si tenía
mucha hambre comía de todo:
azúcar, cerdos, zapatos, etcétera.
Pero los colores de la cebra lo
confundieron. Los dos se miraron
un rato hasta que oyeron un ruido.

—¡Cazadores! —dijo el zorro.
—¡Corramos! —dijo la cebra.
Y salieron corriendo lo más rápido que
podían.

Como el zorro no conocía el lugar,
corría detrás de la cebra.
Por mucho que corrían, no encontraban
un escondite. Ya se oían los ladridos de
los perros de caza.

De pronto la cebra se detuvo y dijo:
—Tengo una idea. Te llevaré al lugar
secreto donde vive mi manada. Pero
antes tienes que prometerme algo.
—Si me ayudas te prometo lo que sea
—respondió el zorro zalamero.

La cebra ayudó al zorro. Se ocultaron
con la manada y los dos se salvaron.
Y el zorro, a cambio, cumplió su
promesa: nunca más volvió a cazar
ni ciervos ni cerdos, y hasta dejó de
comer zapatos.

Cecilia quiere ser cocinera

Palabras con z, c, s

almuerzo	cena	cereza	cocina
decía	dulces	golosa	hacer
mesita	recetas	sala	sanos
sentaban	será	zanahoria	

Palabras de uso frecuente

encima escuchar fácil mamá sábado

La cebrita Cecilia quería ser cocinera. Cada sábado, ella y su mamá se sentaban en el sofá de la sala. Les gustaba ver y escuchar "La cocina de Azucena", su programa de televisión favorito.

Encima de la mesita, Cecilia tenía una libreta para anotar las recetas que más le gustaban. "¡Qué fácil prepara Azucena esos ricos platillos!", pensaba.

Cecilia era muy golosa y le encantaban los dulces. Pero su mamá siempre preparaba vegetales para la cena. "¡Los vegetales son muy sanos!", decía Mamá con insistencia.

—Vamos a hacer la torta de acelga y zanahoria para el almuerzo —dijo Mamá después del programa.

A Cecilia no le gustó mucho esa idea y dijo: —Prefiero un pastel de cereza —y se relamió, ya casi saboreando el dulce.

—Cocinaremos ambas recetas —propuso Mamá sonriendo—. La torta de vegetales será el plato fuerte del almuerzo. El pastel será el postre.

Patricio Zurcido

por Mara Mahía

Palabras con *z, c, s*

altísima	así	cocido	conducida	darse
fascinaba	hizo	pensaba	pensarlo	piso
resultó	se	sentado	señora	sin
sólo	Zoqueta	Zurcido		

Palabras de uso frecuente

cosas	fin	fuego
fuerza	gente	

Patricio Zurcido vivía en una ciudad
muy grande.
Una ciudad donde la gente siempre
tenía prisa y nunca se miraba.

Pero como Patricio Zurcido era
cineasta, le gustaba mirar a la gente.
Así pensaba ideas para sus películas.
A veces se paraba en una calle y sólo
observaba.

A veces observaba cosas muy curiosas:
Una mujer altísima paseando un patito con
un moño en la cabeza. Una cebra de rayas
horizontales conducida por un faquir. Un
niño que hablaba como un político. A
Patricio le fascinaba esta ciudad.

104

Un día, sentado en la terraza de un café, escuchó que alguien pedía ayuda.

—¡Socorro! —gritaban desde una ventana. Pero Patricio Zurcido no podía ver quién estaba en problemas.

¡Había un incendio! Patricio Zurcido
vio que las llamas salían de un edificio
pequeño. Pero la gente continuaba
caminando sin darse cuenta de lo que
estaba ocurriendo.

Sin pensarlo, Patricio entró en el edificio. El incendio estaba en el último piso. Corrió con fuerza, subiendo los escalones de dos en dos. Cuando por fin llegó al último piso se encontró con una anciana ciega.

—¡Fuego, fuego! —gritaba la señora—.
Se me quema el cocido.
Patricio Zurcido apagó el fuego y así
fue como se hizo amigo de Patricia
Zoqueta quien, aunque era ciega,
resultó que había visto mucho mundo.

La cigüeña y Paul Revere

por Mara Mahía

Palabras con *güe, güi*

cigüeña   desagüe   güero

güiros   güito

Palabras de uso frecuente

casi   dormir   fácil

mientras   nido

Hacer un nido no es fácil. Hacer una
revolución es aún más difícil.
Pero eso fue lo que pasó en este país la
noche del 18 de abril de 1775.
Yo hice un nido y la gente hizo una
revolución.

110

Esa noche yo terminaba de hacer mi
nido en el campanario de una iglesia.
Yo soy una cigüeña y esa primavera me
había mudado a Boston. Allí vivían los
colonos y los ingleses.

El rey de Inglaterra gobernaba a los colonos. Pero los colonos estaban cansados del rey. Lo mismo que yo a veces me canso de que algunos güiros me lancen pedruscos.

Esa noche yo estaba trabajando en mi nido. Trabajaba pensando mis pensamientos de cigüeña, cuando lo vi pasar. Iba en un caballo veloz, rápido como un rayo.

—¡Vienen los ingleses! —gritaba el
hombre del caballo.
Enseguida se despertó todo el pueblo.
Sonaron las campanas de la iglesia
y yo casi me caigo del nido por un
desagüe.

El hombre del caballo era un güero
llamado Paul Revere.
Revere cabalgó toda la noche, de pueblo
en pueblo, avisando a los colonos. Como
no podía dormir, me puse mi güito de
viaje y pasé la noche volando con él.

A la mañana siguiente llegaron los
ingleses, pero los colonos estaban listos
para defenderse. Mientras terminaba
mi nido de cigüeña me di cuenta de que
esa noche, cambiamos la historia.

El güerito Mechas

Palabras con _güe, güi_

antigüedad	cigüeñas	güerito	paragüero
pingüinos	vergüenza	zarigüeyas	

Palabras de uso frecuente

grado   joven   ninguno   país   viajes

El güerito Mechas soñaba con ser un joven explorador. Quería ir a lugares lejanos y ver animales raros, como pingüinos, zarigüeyas y cigüeñas.

Mechas era bajito como un paragüero, pero era valiente y nada le daba vergüenza. Se imaginaba en el desierto o escalando montañas con su amigos Zacarías y Zoraida. Ninguno de

117

sus compañeros de grado había viajado a otro país, pero Mechas quería recorrer el mundo entero.

"Debo estudiar y prepararme para las aventuras que me esperan", pensaba. ¡Él quería ser como Cristóbal Colón!

Colón fue un explorador europeo de la antigüedad. Hizo muchos viajes y en el año 1492, Colón llegó a América. Antes de esa fecha nadie en Europa sabía que el continente americano existía.

Colombia, un país suramericano, y el Distrito de Columbia, la capital de nuestro país, llevan el nombre de este explorador europeo. Como Colón, el güerito Mechas también quiere cambiar la historia.

¡Qué vergüenza!

por Mara Mahía

Palabras con *güe, güi*

antigüedad	averigües
güiro	vergüenza

Palabras de uso frecuente

ahora	hacer	llevar
muchos	qué	

119

—¡Qué vergüenza! —dijo Susan
B. Anthony el día que no pudo votar.
Hace años, las mujeres no tenían los
derechos que tienen ahora. No podían
votar por un Presidente.

—Tenemos menos derechos que un güiro —dijo Susan B. Anthony.

—¿Un qué? —probablemente le respondió Elizabeth Stanton.

—Un güiro es un niño pequeño —replicó Susan—. Hay que hacer algo.

Susan B. Anthony y Elizabeth Stanton
fueron mujeres muy luchadoras.
Su lucha fue por lograr la igualdad de
las mujeres.

Si eres niña, imagina que no te dejaran
ir a la escuela o jugar al futbol.
Piensa cómo sería no poder llevar
pantalones. ¡Y sólo por ser niña!

Parece mentira, pero entonces era
verdad. Es bueno que averigües
lo difícil que era ser mujer en la
antigüedad.
Por eso Susan B. Anthony y Elizabeth
Stanton trabajaron muy duro.

Cuando votamos, elegimos a alguien.
A veces votas en tu escuela o en tu
clase de segundo grado.
Pero hace años, las mujeres no podían
hacerlo.

Stanton y Anthony lograron algo muy importante. Si eres niña, acuérdate de que en cuanto cumplas dieciocho años podrás votar gracias al trabajo de muchas mujeres, ¡que no sintieron vergüenza de protestar!

Jardines especiales

por Mara Mahía

Plurales terminados en *-s, -es, -ces*

árboles	capaces	contentos	jardines	juntos
las	les	los	lugares	mamás
mayores	necesidades	niños	sus	todos
vecinos				

Palabras de uso frecuente

año	ayudar	flores
grado	jugar	

—Necesitamos más árboles —dijo Luis.
Era la Semana de Ayuda en la Escuela
César Chávez.

—En nuestro barrio no hay jardines
y los niños necesitan un espacio para
jugar —dijo Marga.

Una semana al año, los muchachos de segundo grado se dedicaban a ayudar a la gente.
Pensaban en las necesidades de sus vecinos. Hablaban en el salón de clases y así decidían qué hacer.

Luis y Marga querían tener un jardín. Y
no sólo ellos habían tenido esa idea.

—Donde los mayores se puedan sentar
—dijo Tania.

—Donde las mamás puedan pasear
—dijo Jorge.

La maestra Acevedes estuvo de
acuerdo. Escribirían una carta al
alcalde.

Querido señor alcalde:

Los niños de la Escuela César Chávez
queremos tener un jardín con flores.

El alcalde les contestó muy pronto.
Queridos niños:
Creo que tienen razón. Su barrio
necesita un área verde.
Les daremos un solar en la Calle 6.
¡Que lo disfruten!

Cuando la maestra Acevedes leyó la
carta, todos se pusieron muy contentos.
Luis, Marga, Ramona, Jorge y Tania se
juntaron al día siguiente. Primero había
que quitar piedras y limpiar la tierra.
Pero se sentían muy capaces.

Trabajando juntos plantaron semillas
y regaron la tierra. Los jardines
comunitarios son lugares especiales.
—¡Ésta fue una gran ayuda! —dijo Luis.
—¡Y el año que viene tendremos
árboles! —dijo Marga.

Deportistas especiales

Plurales terminados en -s -es, -ces

ágiles	capaces	deportistas	diferentes
discapacidades	especiales	imágenes	luces
lugares	motrices	naciones	países
ruedas			

Palabras de uso frecuente

bajo   momento   primero   tienen   todos

Cada cuatro años se celebran las Olimpiadas Especiales. Es un gran evento para deportistas que tienen discapacidades intelectuales. Algunos también tienen discapacidades motrices y están en silla de ruedas o caminan con muletas. Tienen que ver con el movimiento del cuerpo.

135

Algunos no pueden ver u oír bien, pero no por eso son menos ágiles o malos deportistas. ¡Estos atletas especiales son capaces de todo!

La inauguración de las Olimpiadas Especiales es un momento muy emocionante. Participan deportistas de diferentes lugares del mundo. Primero hay juegos de luces y muestran imágenes de todos los países. Luego salen todos los deportistas con la bandera de su nación. Al final, los participantes de todas las naciones se toman fotos bajo una sola bandera, la que representa las Olimpiadas.

Pinturas sobre ruedas

por Mara Mahía

Plurales terminados en *-s, -es, -ces*

círculos	definidas	domingos	formas	latas
manos	pinceles	pinturas	rayas	unas
veces				

Palabras de uso frecuente

aquí	cómo	gusta
hizo	tienen	

137

—Quiero pintar —dijo Juan—. Pero no me puedo mover.

Juan nació tetrapléjico: Te-tra-plé-ji-co. No puede mover ni los brazos ni las piernas.

Pero a Juan le gusta la pintura.
Los domingos va con su mamá y con
Silvia, su mejor amiga, al MOMA:
Museo de Arte Moderno.

A Juan y a Silvia les gusta un pintor que se llama Pollock.
Pollock pintaba cuadros abstractos: pinturas especiales que no tienen formas definidas.

La mamá de Juan es maestra de arte y
está contenta de que él quiera pintar.

—¿Pero cómo podrá pintar si no puede
mover las manos? —pregunta Silvia.

—Todavía no sé —contesta la mamá—.
Pero lo que tiene que mover son los
pinceles.

141

Al día siguiente la mamá de Juan llamó
a Silvia. A veces le pedía ayuda.
—Pongamos aquí esta sábana —le dijo.
—¿Qué haces? —preguntó Silvia.
—Verás —dijo la mamá—. Vamos a
llamar a Juan.

Cuando Juan entró en el salón, el suelo estaba cubierto con una sábana blanca.
—¿Qué es esto? —preguntó asombrado.
—Este será tu primer cuadro —dijo la mamá.

Consiguieron unas latas de pintura
y sobre la sábana blanca Juan hizo
rayas y círculos usando pintura
en las ruedas de la silla.
Cuando terminó su mamá dijo:
—¡Es como Pollock!

La reina de driblar

por Mara Mahía

Grupos consonánticos con *r*

crisis	distrito	entrenador
padres	preguntó	primera
trabajando	triste	tropezar

Palabras de uso frecuente

casi	día	noche
porque	sin	

145

—¿Por qué fue Pelé el mejor jugador de futbol del mundo? —preguntó Paco, el entrenador. Sólo Marta contestó:
—Porque bailaba samba con el balón
—dijo muy convencida.
—¡Exacto! —exclamó Paco.

—Pelé era el rey del futbol, porque sabía
driblar sin tropezar —explicó Paco—.
Ese día jugaban la final del campeonato
de futbol del distrito. Las Osas
aspiraban a llevarse el título. Marta casi
no lo podía creer.

Habían jugado diez partidos, y gol
a gol, trabajando en equipo, habían
llegado a la final. Hoy era el día
decisivo. Las Osas jugarían contra Los
Rayos, el equipo que más campeonatos
había ganado.

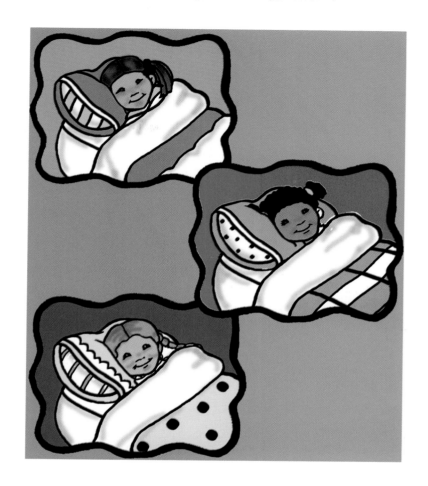

Marta, Julia y Tania, que jugaban de delanteras, apenas habían dormido. Los nervios las habían mantenido despiertas casi toda la noche. Si perdían sería muy triste.

Aquel día, los padres de Marta estaban
en primera fila animando a su hija.
Pero el comienzo no fue bueno para
Las Osas. Rosiña, la delantera de
Los Rayos, había marcado un golazo
en el minuto cinco del juego.

Las Osas perdían 1-0 pero Marta, la capitana, estaba decidida a superar la crisis. En una jugada recibió un pase de Julia y vio la ruta perfecta para anotar. No lo pensó dos veces: ¡GOOOOL!

El partido estaba empatado. Después
de varias jugadas entre Julia y Tania,
el balón llegó otra vez a Marta. Rosiña
le cortó el paso pero ella la dribló como
si bailara. Al mejor estilo de Pelé tiró
la pelota. ¡Fue un GOLAZO imparable!

El nuevo centro recreativo

Grupos consonánticos con *r*

alegre	brasa	broma	construir
cristal	entrada	entrenador	fotógrafos
fresas	frijoles	grama	grande
maestros	pondrán	precioso	pronto
refritos	regresamos	siempre	vendrán

Palabras de uso frecuente

gallo idea triste ventana viejo

Nuestro equipo de futbol se llama El Gallo Alegre, pero no sé por qué. Ayer jugamos contra Las Osas y ellas ganaron. ¡Esas niñas siempre ganan!

Hoy regresamos a entrenar. El equipo se puso triste porque

el campo está muy viejo y apenas tiene grama. Pero Pedro, nuestro entrenador, nos dijo que van a construir un nuevo centro recreativo con un campo más grande.

¡Qué buena idea! Pronto todos cambiamos de humor.

Pedro nos enseñó los planos del interior del centro. ¡Será precioso! Le pondrán una ventana grande de cristal transparente encima de la entrada principal.

La construcción terminará en el mes de abril. Lo celebraremos con una comida. Habrá carne a la brasa, frijoles refritos y frutas, como fresas y frambuesas. Dice Pedro que vendrán fotógrafos de la prensa y que Las Osas jugarán un partido contra los maestros. ¡Qué broma si ganan Las Osas!

¡Cro Cro!

por Mara Mahía

Grupos consonánticos con *r*

andrajo	cro	grupo	preguntó
presas	trabajar	trabajó	tragado

Palabras de uso frecuente

escuchar	estaba	hacer
hojas	siempre	

155

—Un día perfecto para hacer lo que más me gusta: nada —dijo Urraca.

—¿Nadar? —preguntó Cro, la rana.

—No ranita, nadar no. Nada de nada. ¿Es que sólo piensas en trabajar? —se rió con malicia la urraca.

Cro se alejó saltando. Estaba cansada de
la actitud de Urraca. Nunca participaba
en las tareas del bosque. No ayudaba a
limpiar la basura de los excursionistas
en el verano ni a recoger ramitas y hojas
para calentarse en el invierno.

También había que cuidarse de Arpía, la serpiente que siempre estaba buscando presas. Cro recordaba que Arpía se había comido a su vecino Coquí. ¡Qué horror! No habían podido evitarlo. Se lo había tragado entero.

La naturaleza es una pequeña comunidad donde hay que ayudarse y estar alerta. Pero Urraca se dedicaba a platicar todo el día. Creía que lo sabía todo y no le importaba andar hecha un andrajo. Sólo quería que la escucharan sin pensar en el grupo.

Cro se fue muy disgustada. Trabajó
toda la tarde recogiendo basura que
habían botado cerca de su casa. Cro no
entendía por qué los humanos eran tan
descuidados y no se daban cuenta de que
la naturaleza es la casa de todos.

Más tarde salió a ver la puesta del sol.
En esas estaba cuando escuchó la voz
de Urraca.

—¡Por todos los sapos! —exclamó Cro—.
Urraca está hablando con Arpía. Ese
viejo pajarraco se ha vuelto loco.

—¡Cro, cro, cro! —cantó con todas
sus fuerzas—. ¡Ten cuidado Urraca!
Arpía la miraba relamiéndose pero
Urraca se escapó volando. Se posó
cerca de Cro y dijo: —¿Me llamabas?
¿Te gustaría escuchar una historia?

Bandera Blanca

por Mara Mahía

Grupos consonánticos con *l*

blanca	desdobladas	dobladas	ejemplo
hablar	inglés	problemas	

Palabras de uso frecuente

cada	porque	quiere
sobre	vez	

163

Las banderas de los países son símbolos
de cada nación. Representan la cultura
y la historia de cada una. Pero las
banderas también pueden hablar.

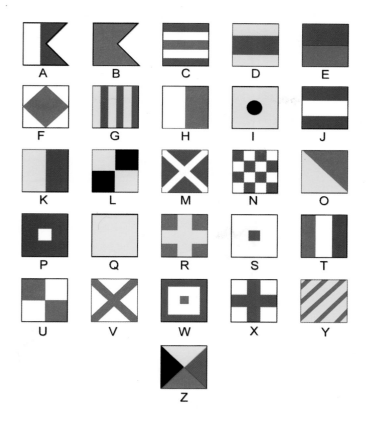

Mi papá es marinero. Por eso yo sé muchas cosas sobre las banderas. Los marineros las usan para comunicarse y existe un código internacional en el que cada letra del alfabeto está representada por una bandera.

Hay banderas que se pueden usar por sí solas para transmitir mensajes de emergencia. Por ejemplo, la O significa "hombre al agua". Quiere decir que alguien se ha caído al agua.

La D quiere decir que el barco tiene problemas de manejo. Tal vez el motor no le funciona bien. Se usa la D porque en inglés *peligro* se escribe con D: *Danger.*

Cuando un barco pide ayuda, muestra una bandera de dos rayas rojas cruzadas en diagonal. Significa: SOCORRO.

Las banderas no son bonitas si están dobladas. Entonces no dicen mucho. Pero cuando están desdobladas, entonces sí nos dicen muchas cosas. Por ejemplo, este es mi nombre con banderas.

Exacto: Me llamo B-L-A-N-C-A. Pero Blanca no es sólo mi nombre, también es mi bandera favorita. Porque la bandera blanca quiere decir paz.

Blas, Bruno y Claudia

Grupos consonánticos con l

blanca	blandito	complacida	contempló
doble	glotón	inglés	plástico
plátano	plateadas	pláticas	plomo
temblando			

Palabras de uso frecuente

hambre   mañana   obra   patas   ratón

El ratón Blas Platero era un glotón. Siempre tenía hambre y frío. A menudo se le congelaban las patas. De plateadas se le ponían blancas, grises y pesadas como el plomo. Entonces se tapaba con un plástico doble y salía a buscar a su amigo Bruno Glass para pedirle comida.

171

Bruno Glass era un lagarto inglés muy caluroso. No entendía por qué Blas siempre estaba temblando de frío. Al final siempre discutían y Blas se quedaba sin comer.

Una mañana, los dos estaban en esas pláticas cuando los visitó Claudia Global, la paloma blanca. Las palomas blancas representan la paz en el mundo. Por eso Claudia les dijo:

—¡Los amigos no pelean! Toma, Blas, te he traído un plátano blandito. Y a ti, Bruno, te traje un abanico.

Blas y Bruno sonrieron muy agradecidos.

—Ya no pelearemos nunca más —dijeron.

Complacida, Claudia contempló su obra de paz.

Clark y el plátano

por Mara Mahía

Grupos consonánticos con *l*

aclaró	Claridad	Clark	explicó
hablan	hablen	plátano	suplicó

Palabras de uso frecuente

agua	árbol	mientras
otro	pronto	

El mono Clark quería alcanzar un plátano. Pero el plátano estaba en un árbol al otro lado del río. Y como Clark no sabía nadar, le daba mucho miedo.

—¡Plátano! —gritaba Clark, mientras saltaba—. ¡Plátano! Baja de una vez. Pero aunque los monos hablen en los cuentos, en este cuento los plátanos no hablan. Entonces, el plátano no dijo nada.

Clark estaba desesperado. Gritaba y
saltaba, cuando de pronto pasó un ratón.
—¿Por qué gritas, Clark? —le preguntó.
—Quiero comerme ese plátano pero no
sé nadar. ¿Podrías ir a la otra orilla y
traerlo? —le preguntó Clark.

—¿Nadar yo? —dijo el ratón—. Es que yo odio el agua.

—Por favor, ratón —suplicó Clark.

—Imposible —respondió el ratón—. Pero tal vez podrías usar la cabeza. Piensa, Clark, piensa —le aconsejó.

Clark se quedó un poco desanimado.
Pero enseguida volvió a gritar: ¡Plátano,
plátano!
Y gritó y saltó… hasta que despertó
a Claridad, una mona muy sabia que
vivía en un árbol con vista al río.

178

—¿Qué pasa? —preguntó Claridad.
—Me quiero comer ese plátano, pero
no sé nadar —explicó Clark.
—¡Usa la cabeza o un coco! —dijo
Claridad, riendo un poco—.

—¿Un coco? —preguntó Clark.
—¡Para navegar! —aclaró Claridad.
Entonces Clark buscó un coco bien
grande. Lo partió, se metió dentro y
usando una ramita como remo fue a
la otra orilla. Así pudo comer plátano.

La voz de Bell y Watson

por Mara Mahía

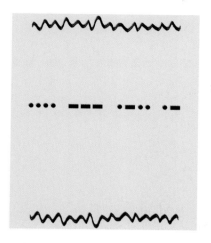

Palabras con *b, v*

alfabeto	Bell	blablá	estaba
estaban	estuvo	hablar	inventaran
inventó	investigar	mandaba	móviles
sonaba	usaba	venga	vez
vida	voz		

Palabras de uso frecuente

antes	escuchar	mejor
siempre	sin	

181

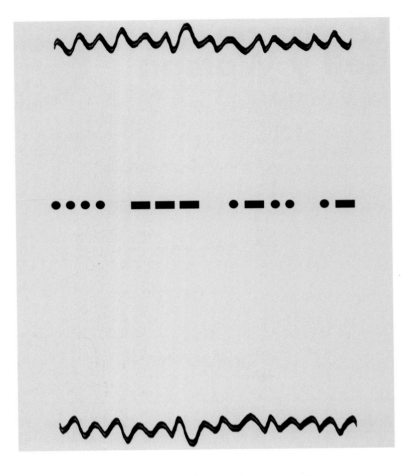

¡Hola! Ahí arriba dice "hola". Pero está escrito sin usar letras, sólo con puntos y rayas. Está escrito en Morse, una forma de comunicación.

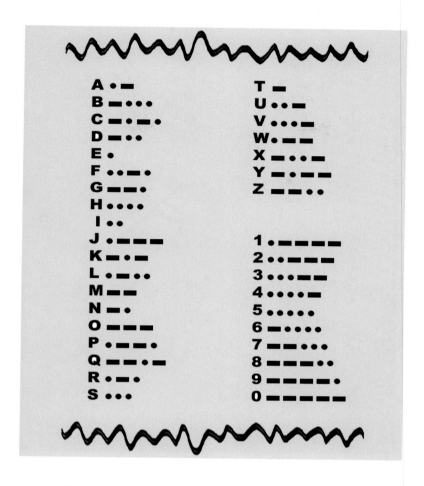

A •▬		T ▬	
B ▬•• •		U ••▬	
C ▬•▬•		V •••▬	
D ▬••		W •▬▬	
E •		X ▬••▬	
F ••▬•		Y ▬•▬▬	
G ▬▬•		Z ▬▬••	
H ••••			
I ••			
J •▬▬▬		1 •▬▬▬▬	
K ▬•▬		2 ••▬▬▬	
L •▬••		3 •••▬▬	
M ▬▬		4 ••••▬	
N ▬•		5 •••••	
O ▬▬▬		6 ▬••••	
P •▬▬•		7 ▬▬•••	
Q ▬▬•▬		8 ▬▬▬••	
R •▬•		9 ▬▬▬▬•	
S •••		0 ▬▬▬▬▬	

En 1835, el señor Samuel Morse
inventó el telégrafo. El telégrafo usa
un código de puntos y rayas en vez de
letras. Ese código es como un alfabeto.
Se llama código Morse.

El telégrafo es un sistema de
comunicación que se usaba antes
de que se inventaran el teléfono o la
Internet. Imagínate la vida sin teléfono.

El teléfono lo inventó un señor que
nació en Escocia, llamado Alexander
Graham Bell. La mamá y la esposa de
Bell eran sordas, por eso Bell siempre
estuvo muy interesado en investigar
sistemas para oír mejor.

Un día Bell conoció a Thomas Watson.
Los dos estaban interesados en la
comunicación a distancia.
Imagínate, antes del teléfono la gente
se mandaba mensajes por carta o
recorría millas para poder hablar.

Bell y Watson tenían que darse prisa, porque querían ser los primeros en crear un teléfono. En los primeros experimentos todo sonaba como blablá, es decir, sin sentido.

Un día lo consiguieron. Bell habló por
el auricular: —Señor Watson, venga aquí.
Y éste, que estaba en otro cuarto, logró
escucharlo. Sin embargo, pasó más de
un siglo para que se inventaran los
teléfonos móviles.

188

Vacaciones de verano

Palabras con *b, v*

avenidas	bailarinas	baile	batidos
beso	bolsa	dibujos	hierba
sombra	vacaciones	verano	vestidos
vidrieras	vistosos	vuelta	

Palabras de uso frecuente

cantar fueron montañas pueblo todos

Cada verano, mi familia va de vacaciones a un pueblo en las montañas. Es muy bonito y hay muchas atracciones. Va gente de varios lugares cercanos a ver las distintas actividades.

189

El año pasado fueron unas bailarinas que caminaban subidas en zancos. Llevaban unos vestidos con dibujos muy vistosos. Parecían tan altas que casi tocaban las ventanas.

Todos los años hay un concurso de canto y baile. Un verano mi mamá decidió cantar y ganó. Le regalaron una bolsa de bombones y yo le di un beso.

Por las tardes vamos de paseo por las avenidas llenas de gente o damos una vuelta por la plaza. Miramos las vidrieras de las tiendas. Si nos cansamos, nos sentamos en la hierba a la sombra de los árboles a beber batidos de vainilla y fresa. ¡Son los mejores batidos del mundo!

Verónica y Bandazo

por Mara Mahía

Palabras con *b, v*

aves	Bandazo	brazo
brazos	descubrió	devolverlo
estaba	habilidoso	malabarismos
observa	pobre	va
ven	verano	Verónica
vez	visto	

Palabras de uso frecuente

cada	familia	hacer
hasta	mejor	

191

Lo mejor del verano es el circo en la playa. Eso piensa Verónica, que cada mes de julio va con su familia. Eso piensan también las gaviotas y otras aves que sacuden sus plumas cuando ven a los elefantes del circo.

Porque, ¿quién ha visto elefantes en la playa? Pues Verónica los ha visto, y también leones, una jirafa, monos y hasta un delfín. A Verónica le encanta el circo de la playa.

Le gusta mirar como montan la carpa.
Durante días, Verónica pasea alrededor
del circo. Observa a los payasos, los
trapecistas y los magos que practican
sin descanso. Hoy es el primer día de
circo.

Esa misma tarde, Verónica se encontró una sorpresa, una sorpresa de ocho brazos. Enredado en las rocas de la playa, Verónica descubrió un pulpo de mirada triste. "Pobre pulpito", pensó Verónica.

Verónica no sabía qué hacer con el
pulpo. La función de circo estaba a
punto de comenzar. Verónica pensó que
lo mejor era devolverlo al mar. Pero el
pulpo se agarró a su brazo. ¡No quería
irse!

Verónica lo llevó donde el payaso Popo.
—Tal vez podríamos enseñarle a hacer
malabarismos —dijo Popo.
—¿Cómo lo llamaremos? —preguntó
Verónica.
—Lo llamaremos Bandazo —dijo Popo.

—¡Bandazo, el pulpito habilidoso! ¡El
rey del circo! —anunció Popo.
Y Bandazo salió a la pista, y lanzó
al aire un plátano, dos plátanos, tres
plátanos, cuatro plátanos, cinco, seis,
siete, ocho… y los movía sin parar.

El regalo de Rosa

por Mara Mahía

Palabras con *r, rr*

ahorros	barrio	cara	claro
corriendo	dinero	girasoles	haremos
horrible	irresponsable	mira	pero
pintura	regalarle	regalo	Rosa

Palabras de uso frecuente

casi	idea	mañana
siempre	triste	

199

—No tengo un centavo —dijo
Rosa—. Ni un centavo y mañana es el
cumpleaños de mamá.
Rosa sacudió de nuevo su alcancía de
chanchito. Pero nada. Se sintió horrible.

¡Cómo había sido tan irresponsable!
La semana pasada había gastado sus
ahorros en un estuche de pinceles. Todo
su dinero se había quedado en PINTA
PINTA, la tienda de pintura del barrio.

—Rosa —dijo su papá—. ¿Por qué tienes esa cara? Mañana es el cumpleaños de mamá y haremos una fiesta.

—Exacto. Mañana es el cumpleaños de mamá y no tengo nada que regalarle —dijo Rosa con cara triste.

—¿Qué dices? —preguntó el papá
sorprendido.
—Mira —dijo mostrándole el chanchito
vacío—. No tengo ni un centavo. No voy
a poder comprarle nada. Y siempre le
regalo dos girasoles gigantes.

—¿Pero adónde se fue el dinero que
ganaste? —preguntó el papá.
—Me compré un estuche de pinceles
—dijo Rosa avergonzada.
—Eso no importa —dijo el papá—.
Tengo una idea.

—¡PINTA PINTA! —dijo el papá—.
Pinta un cuadro para mamá.
—¡Claro! ¡Qué gran idea! ¡Gracias
papá!—exclamó Rosa muy contenta, y
sin pensarlo dos veces se fue corriendo
a su cuarto y se puso a pintar.

Rosa pintó dos girasoles enormes, bellísimos, con sus pétalos amarillos y sus largos tallos verdes. La mamá estaba tan contenta que casi se pone a llorar.

El jardín de la señora María

Palabras con _r, rr_

amarramos	arreglar	barrimos
encerrar	girasoles	jarrón
maravillosa	perro	ramas
ramo	recogimos	regalarle
regamos	rincón	rosales
rotas	señora	

Palabras de uso frecuente

abuela   carta   flores   globos   jardín

La abuela de mi amiga Rosa vive cerca de mi casa. Es una señora maravillosa que se llama María. Rosa me escribió una carta para contarme que su abuelita iba a estar en el hospital unos días.

Yo quería darle una sorpresa a su regreso, pero no sabía qué regalarle como bienvenida. Como a María le encantan las flores, mamá dijo que entre todos los vecinos le podíamos arreglar el jardín.

Y eso hicimos. Tuvimos que encerrar a su perro Rayo en el garaje para que nos dejara trabajar. Barrimos y recogimos las hojas sueltas y las ramas rotas. Luego plantamos rosales nuevos, regamos las plantas y amarramos globos de colores a los árboles. En su rincón favorito del jardín pusimos un jarrón con un ramo de girasoles.

Cuando la señora María regresó y vio su nuevo jardín, se puso muy alegre. ¡Todo nuestro esfuerzo valió la pena!

La perra Gracia

por Mara Mahía

Palabras con *r, rr*

cara	carrera	claro	corazón
pasara	pero	perra	recuperó
responder	tomaron		

Palabras de uso frecuente

algo	contar	gente
sombra	tanto	

Mi papá es ciego. Pero hace todo como
si pudiera ver. Tiene una perra lazarillo
que se llama Gracia. Gracia va con
papá a todos los sitios. Es como si fuera
su sombra.

A Gracia la quiero muchísimo, tanto como la quiere papá. Gracia es una perra muy valiente y listísima, más inteligente que mucha gente. ¡De verdad! Si no me crees, aquí te lo voy a contar.

Un día que yo estaba en la escuela
ocurrió un accidente. Papá estaba en
casa con Gracia. De pronto Gracia se
puso a ladrar y a saltar como si pasara
algo.

Papá le preguntaba: —¿Qué sucede
Gracia? ¿Qué tienes?
Pero claro, Gracia no podía responder.
Lo único que hacía era ladrar y ladrar.
Entonces fue a buscar la correa y se la
llevó a papá.

Papá pensó que quería salir a pasear.
Tomaron el ascensor y cuando llegaron
al vestíbulo, Gracia se puso a ladrar
otra vez como si estuviera loca.
Papá no entendía nada.

De pronto papá sintió algo con su
bastón. Cuando se agachó tocó la cara
del señor Carrera, el hombre que vive
en el décimo piso. Yo le llamo Carrera,
porque nunca saluda de lo apurado que
siempre está. Pero en verdad se llama
Jimeno.

Papá llamó una ambulancia. El señor Carrera había tenido un ataque al corazón, pero estaba bien. Pasó un par de días en el hospital y cuando se recuperó no dejaba de decir: "Gracias, Gracia..."

Yago y Bella

por Mara Mahía

Palabras con y, ll

ayuda	Bella	callejera
cayeron	leyendo	leyó
llora	Yago	yo

Palabras de uso frecuente

casi	comida
mañana	tío

217

Querida Bella:
El terremoto fue brutal. El suelo se
movió, hizo brechas enormes. Se
cayeron casas y árboles. Hay casas
en ruinas, otras en llamas y carreteras
cerradas.

¡Gracias por el paquete! Mamá
casi llora cuando leyó: ROPA Y
ALIMENTOS PARA PISCO (PERÚ).
Abrazos para todos,
tu primo
Yago

Querido Yago:
Qué alegría que recibiste el paquete con ayuda. Estuvimos todo el día empacando latas de comida. También queremos mandar frutas, dicen que tienen muchas vitaminas.

He estado leyendo noticias sobre Pisco.
No entiendo los terremotos. Papá me
explicó que cuando el fondo del mar se
mueve, levanta las capas de la tierra.
¿Y por qué se tendrá que mover el
fondo del mar?

He sabido que algunos niños pasan
hambre. Mañana haremos una venta
callejera para recaudar dinero y
comprar más alimentos. ¡Saludos a tía
Frida y a tío Yago!
Bella

Queridísima Bella:
No sabes lo contento que me pongo
cuando veo tu correo. Brian, un chico
de la Cruz Roja, me deja usar su
computadora todos los días. No te
preocupes, estamos bien.

Yo tampoco entiendo los terremotos. Les dan un número del 1 al 10, como en las pruebas de la escuela. A éste yo le daría un cero. Te echo de menos.
Muchos saludos,
Yago

¡A limpiar las bellas playas!

Palabras con y, ll

allí	amarillas	argollas	avellana	ayer
ayudar	bellas	botellas	brillante	hallamos
llenar	llevé	llovió	lloviznar	maravillosamente
muelle	playa	playera	papelillos	pollo
sillas	sombrilla	vainilla	yate	yemitas
yo	yogur			

Palabras de uso frecuente

ayudar   claro   durante   playa   trabajo

Ayer fui a la playa, pero no a nadar. Era el día de trabajo en equipo de mi club de ciencias. Fuimos a la playa a recoger basura. ¡Todos debemos ayudar a conservar la naturaleza limpia y bella!

Durante la semana llovió, pero el viernes se fueron las nubes. El cielo amaneció claro y el sol estaba brillante. De todas formas yo me llevé la sombrilla playera por si volvía a lloviznar.

Del muelle viajamos a la playa en un yate. Allí comenzamos a llenar bolsas con la basura que la gente deja. En la arena hallamos botellas vacías, papelillos y hasta unas argollas amarillas de plástico.

Cuando terminamos, abrimos las mesas y sillas plegables. Merendamos empanaditas de carne, taquitos de pollo y de postre, yogur de vainilla y unas ricas yemitas de avellana.

¡Me sentí maravillosamente útil!

Los llamados de Yossel

por Mara Mahía

Palabras con *y, ll*

allí	ayer	ayuda	ayúdenme	fallar
llama	llamados	llamaron	llegar	llegaron
llevaban	ya	Yossel		

Palabras de uso frecuente

algo	animales	fuego
llegar	mientras	

—Braum, braum —bramó el oso
Yossel—. Braum, braum...

—¿Qué es ese jaleo? —dijo el topo.

—¿Dónde es el fuego? —dijo el búho,
que acababa de despertarse.

—¿Quién llama? —preguntó la hormiga.

—Braum, braum —bramó de nuevo el oso Yossel—. ¡Ayuda! ¡Socorro!

—Es Yossel —dijo el topo.

—No hay humo —dijo el búho.

—Por allí —gritó la hormiga, que tenía un oído excelente—. Síganme.

Cuando llegaron a un claro del bosque,
la voz de Yossel se hizo más fuerte.
—Braum, braum, estoy aquí abajo
—seguía llamando Yossel.
—Ha caído en una trampa —dijo el topo.
—Una trampa para osos —dijo el búho.

Los tres animales se asomaron a un
agujero y allí vieron a Yossel.
—Amigos, por favor ayúdenme.
Ayer iba tan feliz comiendo frambuesas
que no vi la trampa —dijo Yossel.

—Tenemos que pensar algo rápido. En cualquier momento pueden llegar los cazadores —dijo el topo.

—¿Pero qué podemos hacer nosotros? —preguntó el búho.

—No sé, pero no puede fallar —dijo la hormiga.

232

Yossel seguía bramando. ¡Estaba tan
asustado!
Mientras discutían cómo salvarlo, el
topo no dejaba de hacer agujeros.
Entonces la hormiga dijo: —¡Ya lo
tengo!

El topo, el búho y la hormiga llamaron a sus amigos. Los topos excavaron, las hormigas y los pájaros se llevaban la tierra. Al final hicieron un túnel muy grande y el oso salió bailando.

¡Gracias compañeros! —bramó Yossel.

Una fiesta para Liana

por Mara Mahía

Diptongos *ia, ie, io, iu; ua, ue, eu, au*

atención	bien	cien	cuando	cuarto
escondieron	fiesta	fueron	imprimiendo	Liana
luego	Piero	Piolo	puerta	pusieron
que	quien	quiere	salieron	siempre
siguiente				

Palabras de uso frecuente

bien	casi	fueron
sin	vez	

235

Era el cumpleaños de Liana. Pero a ella no le gustaba celebrar su cumpleaños. Como era una niña muy tímida, no le gustaba ser el centro de atención.

Pero a Liana sí le gustaban los regalos, aunque sólo fuera una tarjeta.

Los amigos de Liana la conocían bien.
Y por eso cada cumpleaños tenían
un problema: ¿cómo celebrar el
cumpleaños de Liana sin celebrarlo?

—¿Qué haremos? —preguntaron
Piolo y Piero, que eran gemelos y casi
siempre hablaban a la vez.
—No hagamos nada —dijo Mirta—. Si
no quiere una fiesta debemos respetar
su deseo.

—Hagamos un regalo secreto —dijeron Piero y Piolo.

—Tomémosle una foto —dijo Mirta, a quien le gustaba mucho tomar fotos.

—Tomémosle dos —dijo Piolo.

—Tomémosle tres —animó Piero.

Al día siguiente, Mirta, Piolo y Piero
salieron con sus cámaras. Cada vez
que Liana no los veía, le tomaban una
foto. Como tenían cámaras digitales, le
tomaron ¡cien fotos!

241

Pasaron la tarde imprimiendo fotos. Las recortaron y las pegaron en un gran cartel. Luego se fueron a casa de Liana. Pusieron el cartel en su cuarto y se escondieron debajo de la cama. Cuando Liana abrió la puerta....

Los zapatos de Mauro

Diptongos *ia, ie, io, iu; ua, ue, eu, au*

abiertas	acuario	agobio	agua
alivio	asiento	aunque	auto
bueno	curioso	despacio	envidia
europea	feriado	iguales	jueves
triunfal			

Palabras de uso frecuente

ciudad   cuando   puerta   zapatos

Ayer Mauro estaba triste. Aunque es un ciempiés tímido, también es muy presumido. No tenía suficientes zapatos iguales para ir a la fiesta del acuario. Pero era jueves feriado y las tiendas de su ciudad europea no estaban abiertas.

243

Cuando se bajó del auto, todos se rieron de sus zapatos de colores diferentes y exclamaron:

—¡Miren los zapatos de Mauro!

Mauro se fue despacio al baño a llorar con agobio. Al rato entró Calamar a lavarse las patas y le preguntó curioso por qué lloraba.

—Todos se ríen de mí cuando camino —dijo Mauro.

—Bueno, toma asiento —dijo Calamar—. Tengo la solución.

Con la tinta de una de sus diez patas y un poco de agua, Calamar pintó iguales todos los zapatos de Mauro. Cuando abrieron la puerta y salieron, nadie se rió. ¡Qué alivio! Todos miraron con envidia a Mauro.

— ¡Ya no siento vergüenza! —dijo Mauro triunfal—. ¡Gracias, Calamar!

Un viaje lioso

por Mara Mahía

Diptongos *ia, ie, io, iu; ua, ue, eu, au*

agua	ciudad	dio	fue	hiciera
India	inquieto	lioso	nadie	porque
puedo	reina	Tierra	viajar	viaje
viajo	viajó	vivió	vuelta	

Palabras de uso frecuente

claro	comida
muchos	papel

245

Cristobal Colón era un marino inquieto.
Le gustaba viajar y sabía que la Tierra
era redonda. Colón vivió hace muchos
años. Y hace muchos años la gente
pensaba que la Tierra era plana. Como
una hoja de papel.

Un día, Colón, cansado de que nadie
le hiciera caso, se fue a ver a la reina
Isabel y le dijo: —Mire reina Isabel, yo
creo que la Tierra es redonda. Si viajo
en línea recta desde aquí, llegaré a la
India.

Colón le dijo entonces que quería viajar alrededor del mundo.

—Pues vaya —dijo la reina Isabel, que era una reina muy aventurera.

—Pero necesito barcos —dijo Colón.

—¿Barcos? —dijo la reina, que era un poco despistada.

—Sí, para navegar alrededor del mundo. Voy a ir navegando porque no puedo ir volando —explicó Colón.

—Claro —dijo la reina—. No va a ir volando.

Entonces la reina le dio tres barcos y algún dinero para el viaje.

Para comprar comida, agua, salvavidas y otras cosas que necesitaba.

Colón dejó la ciudad de Cádiz y viajó
durante meses. Pero no había ni rastro
de la India. La Tierra era tan redonda
como una pelota. Pero como una pelota
enorme. Porque Colón no conseguía dar
la vuelta a la Tierra.

Hasta que un día, por fin, un marinero grító: "¡Tierra a la vista!"
Por fin Colón había llegado a la otra orilla. Lo malo es que no sabía que aquella orilla no era la India. Con todo el lío, Colón había llegado a ¡América!

Una trompa extraordinaria

por Mara Mahía

Prefijos *co–, com–, extra–*

colaboración compañía comparada complacido
extraordinaria extraordinario

Palabras de uso frecuente

dijo hacer mientras
siempre trabajo

253

—¡Ahí va! —gritó elefantito, lanzando la pelota con la trompa en compañía de su mamá.

—¡Excelente! ¡Extraordinario!

—dijo mamá elefante.

—¡Cuidado! —gritó elefantito.

¡PLASSS!

254

¡PLASSS! hizo la pelota cuando cayó en el lago.

—¡Mamá! —gritó elefantito—. ¡La pelota se hunde, se hunde! Se hundió.

—No es extraño —dijo la mamá—. La pelota se hunde porque es muy pesada comparada con el agua.

—Este lago no tiene fondo —dijo
elefantito—. La pelota se puede
esconder ahí para siempre. Nunca la
recuperaremos. Nunca, nunca, nunca
—se lamentó elefantito.

—Necesitamos hacer un trabajo de colaboración. Primero veamos lo profundo que es el lago —dijo mamá elefante.

—¿Pero cómo? —preguntó elefantito.

—Con la trompa hijo, con la trompa.

257

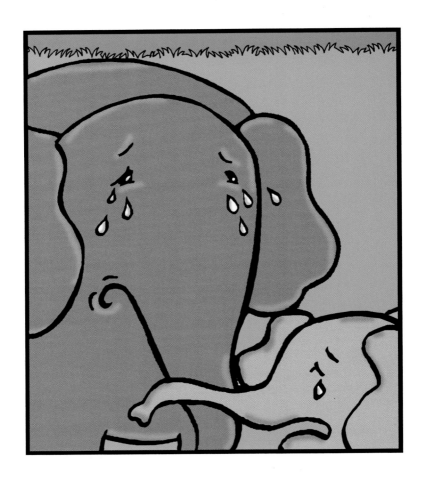

—¿Tocaste el fondo? —preguntó elefantito.
—No. Este lago es muy profundo.
—Pero, ¿y la pelota, mamá? ¿Cómo la recuperaremos?
Ante tal situación, no pudieron contener las lágrimas.

Con tantas lágrimas la mamá sintió que
tenía que estornudar:
¡Aaaaaa....! —exclamó aspirando muy
fuerte. Entonces toda el agua empezó a
entrar por su trompa. ¿TODA? ¡TODA!

—¡Ahí está la pelota! —exclamó
elefantito mientras corría complacido al
fondo del lago vacío.

¡Aaaaaa....tschisss! —estornudó por fin
mamá elefante, expulsando de vuelta
toda el agua del lago. Sí, ¡TODA!

Una colaboración extrafina

Prefijos *co-*, *com-*, *extra-*

colaborar	colocaron	compartir	compatriota
cooperar	coordinado	extraer	extrafino
extralarga	extraño	extraordinaria	extravagante

Palabras de uso frecuente

esconder   estudiar   lluvia   plantas   tierra

El nuevo vecino de la colonia era un coyote un poco extraño.

—Es extravagante —dijo Conejo.

—No —dijo Codorniz—. Es muy coordinado mi compatriota.

Cada día, Coyote removía la tierra de su jardín y esperaba que lloviera. "La lluvia es buena para las plantas", acababa de estudiar en su clase de ciencias.

261

Pero no llovía y se le había extraviado la manguera.

—¿Dónde la pude esconder? —dijo Coyote abrumado.

Viéndolo tan agobiado, Conejo preguntó: —¿Cómo podemos colaborar con él?

—¡Avisaremos a Coloso! —sugirió Codorniz.

Coloso era un elefante extrafino y buen amigo. Sabía compartir y cooperar. Entre todos, colocaron varios cubos de agua en el jardín. Coloso aspiró para extraer el agua con su trompa. Luego apuntó a las plantas de Coyote y sopló con fuerza. Su trompa extralarga parecía una manguera.

—¡Qué idea tan extraordinaria, amigos! —dijo Coyote.

Una idea extraordinaria

por Mara Mahía

Prefijos *co–, com–, extra–*

colaboran	comparten	competencia	cooperan
coordinar	extralargo	extraordinaria	extraterrestres

Palabras de uso frecuente

comida	dormir
playa	triste

263

¿Qué es lo que más le gusta hacer a
Laura? Vaya pregunta extraña. Pues no
le gusta buscar extraterrestres. A Laura
le gusta jugar al futbol con su hermanito
Andrés.
Pero también le encanta ir de camping.

Hoy Laura y Andrés van de camping a la playa con su familia. Papá preparó sándwiches y comida para el fin de semana. Mamá ha preparado la ropa. Todos cooperan y comparten las tareas.

Andrés y Laura han preparado sus
mochilas. También están encargados de
la tienda de campaña y las bolsas de
dormir.

—Andrés, no olvides la pelota de futbol
—le dice Laura.

Cuando llegan al camping es mediodía.
El día está bellísimo. Laura y Andrés
colaboran con sus padres montando la
tienda. Pero con la arena de la playa,
el trabajo se vuelve extralargo. Hay
que coordinar muchas cosas.

Por fin, llegó la hora de jugar.

—Andrés, dame la pelota, vamos a jugar —dice Laura.

—No, dámela tú —dice Andrés.

—Yo no la tengo —dice Laura.

¡Qué confusión! Andrés está tan triste
que se le saltan las lágrimas. —No
llores, Andrés —dice Laura—. Pensemos
en algo.
—¿De dónde sacaremos una pelota?
—se lamenta Andrés.

—¡Hagamos una pelota con tu
bolsa de dormir!

—¡Qué idea tan extraordinaria!
—dice Andrés.

—¡Qué gol! —grita Laura ya en plena
competencia.